5 mesas 5 restaurantes
**Creando empresarios exitosos
en la industria de alimentos y bebidas.**

Manual del Mesero Exitoso

**Natalio Núñez
Keila Báez
Gabriel Burgos**

Copyright © 2019 by
Natalio Núñez
Keila Báez
Gabriel Burgos

All rights reserved. No part of this publication may be reproduced, distributed or transmitted in any form or by any means, without prior written permission.

San Juan Puerto Rico
www.fbsolutionspr.com

Book Layout © 2019 Nukleo Visual LLC

5 mesas 5 restaurantes
Creando empresarios exitosos
en la industria de alimentos y bebidas.

Manual del Mesero Exitoso

Acerca de los Autores

Natalio Núñez
Fundador de la plataforma online www.changarromex.com supermercado online.
Cofundador de F&B Solutions Consulting Group, Inc.
Emprendedor y empleado con vasta experiencia en la industria de alimentos y bebidas en cruceros y hoteles.
Graduado de la Universidad Metropolitana de Puerto Rico con un bachillerato en administración de empresas con concentración en gerencia.

Keila Báez
Líder Cristiana
Cofundadora de F&B Solutions Consulting Group, Inc.
Emprendedora y empleada con vasta experiencia en la industria de alimentos y bebidas en hoteles.
Graduada Magna Cum Laude de la Universidad Interamericana de Puerto Rico con un bachillerato en química industrial.

Gabriel Burgos
Líder Cristiano
Cofundador de F&B Solutions Consulting Group, Inc.
Emprendedor y empleado con vasta experiencia en la industria de alimentos y bebidas en hoteles.
Certificado en diferentes áreas de seguridad en la industria hotelera.

Natalio Núñez - Keila Báez - Gabriel Burgos

CONTENIDO

Capítulo 1 - Comenzando tu negocio 01

Capítulo 2 - Empoderados para soñar y cumplir sueños 05

Capítulo 3 - Mentoría 09

Capítulo 4 - Capacitando nuestras mentes 11

Capítulo 5 - Identidad 15

Capítulo 6 - El empresario que hay en ti 19

Capítulo 7 - Trabajo en equipo 23

Capítulo 8 - Relaciones Humanas 27

Capítulo 9 - Actitud 29

Capítulo 10 - ¿Buen servicio = buen tip (propina)? no siempre ... 33

Capítulo 11 - El efecto de las papas 39

Capítulo 12 - El poder de las palabras 41

Capítulo 13 - Cualidades de un buen servicio, acción; 45

Capítulo 14 - Tu estación 49

Capítulo 15 - Usted 53

Capítulo 16 - Balance 55

Capítulo 17 - Principios 59

Capítulo 18 - Autoridad 65

Capítulo 19 - Mayordomía en tus finanzas 67

Capítulo 20 - Excelencia 71

Capítulo 21 - 5 pasos para ser exitoso en tu franquicia 75

Capítulo 22 - Propina 79

Natalio Núñez - Keila Báez - Gabriel Burgos

PRÓLOGO

*"La vida es corta y hay que hacer algo grande con ella.
Este libro es una buena herramienta
para lograr tus metas.*

*Te sugiero que uses todo tu talento para que ganes mucho
dinero y, cuando seas exitoso, le digas a todo
el mundo cómo lo lograste."*

Viva vivir vivo
Fric Martínez

FRIC MARTÍNEZ!

Fric Martínez es conferencista, empresario, autor y emprendedor. Fundador del reconocido estudio de animación Organika, creador de Buenondismo y Fricmartinez.com

INTRODUCCIÓN

Ser dueño de tu propio negocio, siempre ha sido el sueño de muchos, pero solo los emprendedores se toman las responsabilidades y los riesgos financieros, la inversión inicial que ponen al iniciar el negocio, es lo que pone a muchos fuera del alcance de tener su propio negocio.

Aquí tenemos buenas noticias, tú tienes la oportunidad de tener tu propio negocio, con el capital invertido de alguien más, tu nunca vas a tener que pagar salarios a tus empleados, nunca vas a tener que pagar por hacer reparaciones cuando el equipo se daña, y lo mejor de todo, si el negocio falla, tu no perderás un solo centavo, demasiado bueno para ser verdad, bueno entonces sigue nuestros consejos y lo experimentaras, nuestro manual es acerca de emprendimiento, de cambiar tu forma de pensar acerca de servir mesas.

Cuando estás trabajando como mesero o mesera, tu jefe te da un pequeño negocio, que tú tienes que manejar, y hacerlo que haya ganancia.

Dependiendo del tipo de restaurante, el dueño ha invertido de $2000 a $50,000 por silla, a ti como mesera o mesero, te están dando una franquicia, sin pagar una regalía por operar el negocio, teniendo como resultado una ganancia en una inversión de alguien más.

Los dueños que franquician tus mesas, actualmente te pagan, una pequeña suma por hora, por ayudarle a administrar el negocio, más allá de eso tu controlas cuanta ganancia te llevas a casa, cada semana, entre más duro trabajes, y mejor administres el negocio, más ganancia te llevaras, nuestra meta es ayudarte a incrementar tu ingreso hoy y construir una base para un mejor futuro.

En el negocio de los restaurantes, la diferencia entre ser exitoso o un fracaso, depende del servicio, puedes tener el mejor restaurante del mundo, gran decoración y excelente comida, pero si tu servicio es horrible, tu restaurante fracasara.

Nosotros creemos que la base de nuestro pensamiento es la llave para llegar a ser un mesero exitoso y con un ingreso alto, si tu estas de alguna forma envuelto en la industria de comidas y bebidas, ya tienes un pie adelante, o si estas considerando ser mesero, como tu primer trabajo, tú tienes mucho que aprender.

Los meseros son los empleados que están al frente, de un restaurante, el momento de la verdad, la oportunidad de ir más allá de las expectativas, y las oportunidades de proveer una mejor experiencia, recae en los hombros de los meseros, y junto con estas responsabilidades viene un ingreso económico más alto.

Desafortunadamente demasiada gente aun piensa que, ser mesero es un trabajo decadente y mediocre, que equivocados están.

Tú tienes que pensar en servir mesas, como una carrera en la que puedes crecer sin límites, no como un trabajo, tienes que pensar en tu estación de servicio como si fuera tu propio negocio, las habilidades que aprendas en tu primer trabajo te ayudaran a conseguir más ingresos, en los años venideros.

Natalio Núñez - Keila Báez - Gabriel Burgos

> *No importa cuántas veces falles, solo debes de estar en lo correcto una vez. Entonces todos te llamarán un éxito de la noche a la mañana y te dirán lo afortunado que eres*

Mark Cuban
Presidente de AXS TV

CONSIGUE UN TRABAJO

Inevitablemente como mesero hay alguien
que hace la pregunta incomoda:

¿Cuándo vas a conseguir un trabajo real?

La pregunta hace una asunción de que servir mesas no es un trabajo real, puede quizá no ser tu trabajo permanente o tu carrera, pero si es un trabajo real las horas que pasas en el piso del restaurante, son reales, la renta, la hipoteca, el pago del carro, y otros gastos que el trabajo te ayuda a pagar son reales.

> *El ingrediente más importante es levantarte y hacer algo. Así de simple. Muchas personas tienen ideas, pero solo algunas deciden hacer algo hoy. No mañana. No la siguiente semana. Sino hoy.*
>
> *El verdadero emprendedor actúa en lugar de soñar*

Nolan Bushnell
Emprendedor

CAPÍTULO 1

COMENZANDO TU NEGOCIO

Toma un enfoque emprendedor de tu trabajo en el restaurante, trata tu sección como si fuera tu pequeño negocio, si lo piensas seriamente, es el mejor negocio del cual pudieras ser dueño.

No requiere educación avanzada o experiencia.

No necesitas capital inicial, solo interés por la gente y enfoque por trabajar inteligentemente.

Alguien más lo construyo, pago por él, lo equipo con todos los productos y equipo que necesitas para operar.

No necesitas pagar renta y tienes todo el acceso a vender los productos que no tuviste que comprar.

Mantenimiento, mercadeo, búsqueda y desarrollo, y aun los impuestos son pagados por alguien más.

Todo lo que tu vendas te recompensa con un generoso, 10 a 20 % de efectivo en comisión que te es pagado inmediatamente que cierras la venta.

Eso es más de lo que el restaurante hace, considerando que mientras tu haces 10 a 20 centavos, el restaurante solo hace una fracción de eso.

Eso es correcto, el mesero hace más que el restaurante.

Organización

Formar servidores emprendedores, con principios y valores, proveyéndoles las llaves para crear una mentalidad empresarial a la hora de servir.

Respaldado por un equipo que lo capacitará, guiará, y apoyará ayudándole para que su negocio sea un éxito.

Nuestra satisfacción es poder ayudar a otros a emprender en la búsqueda del cumplimiento de sus sueños y el ser parte de empoderamiento en el crecimiento personal y crecimiento como líder.

5 mesas 5 restaurantes

> *Para cualquier emprendedor: si quieres hacerlo, hazlo ahora. Si no lo haces te vas a arrepentir*

Catherine Cook
Cofundadora de MyYearbook

CAPÍTULO 2

EMPODERADOS PARA SOÑAR Y CUMPLIR LOS SUEÑOS

Génesis 37:1-56

José de Egipto tuvo sueños de grandeza de los cuales otros se burlaron y lo llevo a la caída en el pozo. Fue vendido y llego a la casa de un alto gobernante al cual le manejo sus finanzas y se las multiplico en gran manera. José trajo la bendición a ese hogar, donde quiera que estuviera multiplicaría lo que estaba allí a causa de que él era su sueño viviente. Luego que presento la calumnia en ese hogar José entro en la etapa de la "caída" una vez más, pues fue llevado a la cárcel del palacio donde estuvo varios años, José nunca se desenfoco él siempre supo que sería grande y gobernaría. Esa cárcel no fue para matar ese sueño, pues en esa cárcel se hablaba de lo que pasaba en el palacio, allí aprendió como se funcionaba y el protocolo del palacio. José interpretó los sueños de dos personas que estaban en la cárcel y le dijo a uno de ellos cuando salgas de aquí no te olvides de mí, unos años después José fue llamado al palacio y finalmente posicionado en el mismo. De los mejores años de Egipto fueron a causa de José.

Los sueños tienen etapas. Te lleva por etapas para que te prepares y cuando lo logres puedas disfrutarlo. No olvides en la oscuridad lo que se te dijo en la luz. Acordarte del sueño te ayudara a manejar las etapas que tendrás que atravesar hasta llegar a él. Tú puedes estar en una situación, pero no la situación en ti.

Si tienes un sueño es porque debe ser conquistado. Si tienes un sueño es porque lo puedes lograr.

Apocalipsis 17:17

Porque Dios ha puesto en sus corazones el ejecutar su propósito.

Rodéese de gente que tenga sueños.

Tenemos que saber lo que queremos y hacia dónde vamos, para tener enfoque y sobrepasar cualquier obstáculo.

Cuando Pedro perdió el enfoque en Jesús y se concentró en la tormenta, comenzó a hundirse.

¿Si el tiempo y el dinero no fueran un factor limitante qué harías, donde estarías, ¿qué tendrías?

Ve por eso, atrévase a tener sueños de grandeza.

Ponles fecha a tus sueños. Las metas te darán propósito y dirección.

Mientras más clara y específica la meta, mayor el enfoque y los pasos a seguir para lograr la meta.

Escribe tus sueños y plásmalos, eso será una técnica para enfocarte.

Identifique las metas a largo plazo, aquellas que tomaran más de un año. Luego identifique el conjunto de cosas pequeñas que tendrán que ocurrir primero para que ocurra esa meta.

Son las piezas del rompecabezas, cada una es esencial y hay que ir juntándolas según su forma hasta tener listo el rompecabezas.

Metas a corto plazo, son más simples y se pueden cumplir más rápido.

Siempre se especificó y claro a la hora de tener metas.

Acciona y ten un plan claro a seguir para lograrlo.

Recuerda que nada es demasiado loco como para no tenerlo en tu lista.

Nada es imposible, la pregunta es cuanto lo anhela tu corazón.

No sea analítico a la hora de escoger sus sueños, crea primero analice después.

¿Dónde está tu corazón y tu pasión?
Convierte tus sueños en metas, tus metas en acción. Tu acción en una verdad, realidad.
Nadie lo hará por ti. Postergar mata el potencial.

> *No es sobre las ideas.*
> *Sino hacer que éstas se*
> *vuelvan realidad*

Scott Belsky
Cofundador de Behance

CAPÍTULO 3

MENTORÍA

Proverbios 4:13
Reten el consejo, no lo dejes; tu educación es tu vida, cuídala bien.

Para el éxito no hay atajos. Pero los mentores son un catalizador, aceleradores a la meta, al éxito. Los mentores son como los tutores de un niño, estaremos bajo entrenamiento para que funcionemos y no fracasemos.

La experiencia no son los años, son los resultados que esa persona tiene. Háblame de tus resultados. Existe un orden en todos los planes de su vida.

El único atajo al éxito es abrir sus oídos a la experiencia del éxito.

> *He perdido más de nueve mil oportunidades en mi carrera. He perdido casi 300 juegos. Me han confiado veintiséis veces el tiro ganador y he fallado.*
> *He fracasado una y otra vez en mi vida y por eso he tenido éxito*

Michael Jordan
Basquetbolista Profesional

CAPÍTULO 4

CAPACITANDO NUESTRAS MENTES

Lo que escuchas, lo que ves, lo que oyes, va a gobernar tu alma (emociones) y eventualmente tu espíritu (mente).
El poder de la declaración:

Mateo 12:34
De la abundancia del corazón habla la boca.
Alineará su mente con su declaración.
Todo lo que existe fue creado por pensamientos y palabras.

El pueblo de Dios cuando salió de Egipto, dirigidos por Moisés, dice la biblia que tuvieron sed y se acercaron a este rio a tomar agua las cuales le supieron amargas, ellos se quejaron. Entonces Moisés fue a preguntarle a Dios que por que, si ellos tuvieron sed les dio aguas amargas, Dios le respondió que él no le dio aguas amargas, sino, que las aguas se amargaron por las quejas constantes que tuvo el pueblo. La declaración negativa crea una atmósfera negativa, amarga los lugares, destruye posibilidades.

Solo cuando estés listo con el pensamiento, con la mentalidad correcta, llegaras a la meta. Queda evidenciado en el pueblo de Dios, no fue hasta que se levantó una generación con la mentalidad correcta y no con la negatividad de sus antepasados, no hasta ese momento fue que pudieron entrar en tierra prometida que era la meta, mientras tanto caminaron cuarenta años en desierto.

Mi padre siempre me enseñó que si no edifica no lo diga. Sea tardo al hablar analice lo que va a decir, reconociendo que todo lo que diga tiene poder para crear o para destruir. Hable siempre positivo aléjese de lo negativo.

Rodéese de gente positiva.

Levántese cada mañana y aláguese frente al espejo. Repita hoy será un buen día. Levántese con las expectativas de que han de suceder grandes cosas.

Sí ocurre un mal entendido entre compañeros o entre usted y su supervisor, confronte con sabiduría, respeto, ante todo. Hable como le gustaría que le hablen, y sea flexible para escuchar, sin ofender a la otra parte.

Mateo 22:39

...Amaras a tu prójimo como a ti mismo.

Proverbios 4:23

Sobre toda cosa guardada, guarda tu corazón (mente); porque de él mana la vida.

Como es su pensamiento así eres. Usted es lo que piensa.

Proverbios 23:17

Por que cual es su pensamiento en su corazón tal es él...

Ame la sabiduría. Edúquese para crear la verdad que está depositada en ti.

Salmos 49:3

Mi boca hablará sabiduría, y el pensamiento de mi corazón inteligencia.

Nunca se ponga de acuerdo con lo que digan negativo. Aun si lo que ve no es lo mejor recuerde que es por fe y no por vista, no le preste sus oídos.

Diga lo puedo hacer y lo voy hacer.

> *El precio del éxito es trabajar duro y la determinación de que, sin importar si perdiste o ganaste, diste lo mejor de ti mismo en el proyecto*

Vince Lombardi
Entrenador de los Empacadores de Green Bay

CAPÍTULO 5

IDENTIDAD

Potencial: las revelaciones no expuestas, ocultas, dormidas. Es una realidad que aún no se ha manifestado.

Propósito: intención por la cual se crea algo, la intención va primero y luego se hace o crea.

Todo ser humano fue creado con un propósito; y cuando lo descubre si lo desarrolla deja un legado en la tierra.

Visión: vivir para hoy es ser corto de vista, vivir para mañana es visión.

Como te ves, es paralelo a la clase de vida que vas a vivir. Eres reflejo de la percepción que tengas sobre tu persona, la gente va a ver en ti como te ves a ti mismo.

Lo que usted puede llegar a hacer es tan real como lo que ha hecho hasta ahora.

El cementerio está lleno de riquezas, arte, negocios, leyes, pinturas, canciones, poemas... vamos a morir vacíos, "empty".

Edúquese, solo será bueno en algo en medida que se llene de la información correcta para manifestar la misma. Lea libros, escuche audios, vea seminarios sobre liderazgo, de autoayuda, servicio, equipo, finanzas, principios.

Romanos 10:17

La fe viene por el oír, y el oír, por la palabra de Dios.

Hebreos 11:1,3

Es pues la fe, la certeza de lo que se espera, la convicción de lo que no se ve.

Por la fe que entendemos haber sido constituido el universo por la palabra de Dios, de modo que lo que se ve fue hecho de lo no se veía.

La palabra, la información, es el alimento a su mente. Si usted no come muere.

Denote siempre seguridad al hablar eso es determinante para transmitir o lograr el negocio del gran producto de su franquicia. La inseguridad destruye.

5 mesas 5 restaurantes

> *Cuando todo parezca ir en tu contra, recuerda que el avión despega contra el viento*

Henry Ford
Fundador de Ford Motor Company

CAPÍTULO 6

EL EMPRESARIO QUE HAY EN TI

Déjame darte una noticia usted es todo un empresario dueño de franquicia. Y lo mejor de todo es que no invirtió nada y no tiene que pagar las utilidades como lo son agua, luz, etc. usted no tuvo que comprar absolutamente nada, ni pagar por el mercadeo, no pagas los impuestos de tu negocio y se promociona gratis.

Un dueño hizo una inversión, te otorgo una franquicia llamada sección, donde hay mesas y depende de ti cuanto generes de aquello que se te fue entregado.

En esta franquicia no tienes absolutamente ningún tipo de riesgo.

Mientras más duro trabajes, mejor corre tu negocio, puesto que tú controlas las ganancias que vas obtener del mismo.

Mientras mayor sea tu promedio de ventas, abres la ventana a la gran posibilidad de maximizar tu ingreso. Tienes la oportunidad perfecta para comenzar a construir unas finanzas sólidas.

Usted es un profesional en servicio de ventas.

Profesionalismo es una combinación de cómo te ves, como actúas y como interactúas con tus clientes.

Aproveche el tiempo y la flexibilidad que tiene para realizar sus sueños.

Tu producto es la combinación de la comida, bebidas, servicio y ambiente, esto tiene que trabajar al unísono para crear una experiencia óptima.

Elimine el tiempo de ocio (televisión, computadora, redes sociales) y produzca. Pregúntese ¿ese tiempo agrega algo a mi vida, o si me acerca más a mis sueños?.

La industria de" hospitalidad" es un mundo de posibilidades.

Capacítese y Edúquese.
Encuentre cuál es su sueño, meta, su propósito y vaya con acción en pos de él.

5 mesas 5 restaurantes

> *Siempre da más de que lo esperan de ti*
>
> **Larry Page**
> Cofundador de Google

CAPÍTULO 7

TRABAJO EN EQUIPO

Amos 3:3

¿Andarán dos juntos, sino estuvieren de acuerdo?

Para poder llevar su potencial al máximo dentro de una compañía y para trabajar en conjunto con todos los eslabones que comprenden nuestro entorno laboral, y la experiencia de nuestro cliente, lo primero es adoptar la visión de ese lugar como suya. Solo de esa manera podrá dar lo que se espera y aún más de lo que se espera de usted. Una sola visión da sentido de dirección a ambos, al patrono y a usted con su franquicia. Familiarícese con la visión y la misión adóptela, eso le dará sentido de pertenencia.

Analicemos si tuviéramos visiones diferentes a partir de la palabra división: (di= dos) y visión equivale a dos visiones por lo tanto no podemos tener una visión diferente porque estaríamos en división y no unidos a un mismo fin que es el éxito.

Por tanto, alguien que no tenga la visión como parte de si, no podrá guiar a otros, eso sería destructivo. Si no ves la visión no puedes guiar ni puedes ser guiado.

Mateo 15:14

Dejadlos; son ciegos guías de ciegos; y si el ciego guiara al ciego, ambos caerán al hoyo.

Lucas 6:34

Y les decía una parábola ¿acaso puede un ciego guiar a otro ciego? ¿no caerán ambos en el hoyo?

Recuerde usted podrá tener tanto como sepa manejar lo que le pertenece a otro.

Lucas 16:10

El que es fiel en lo muy poco, también en lo más es fiel; y el que en lo muy poco es injusto, también en lo más es injusto.

Lucas 6:12

Y si en lo ajeno no fuisteis fieles, ¿quién os dará lo que es vuestro?

Un trabajo en equipo debe sustentarse, complementar las debilidades con las fortalezas.

Ayudar a tu compañero te ayuda a ti mismo. La experiencia del cliente de tu compañero influirá en que regrese. También podría determinar el prestigio de tu compañero, del negocio, el prestigio del negocio y de tu compañero influye en el prestigio de tu franquicia.

Un equipo es tan fuerte como su eslabón más débil.

Ciertamente somos como un cuerpo tan esencial es el dedo, como los ojos, la boca, o cualquier otra parte, si faltara uno en el cuerpo, aunque tengan funciones diferentes no funcionaríamos igual.

Aun cuando somos diferentes en personalidad, temperamento, carácter, trasfondo, etc. todos somos importantes en el equipo.

5 mesas 5 restaurantes

> *Dentro de veinte años estarás más decepcionado por las cosas que no hiciste que por las que hiciste. Así que suelta amarras, navega lejos de puertos seguros, atrapa los vientos favorables en tus velas. Explora. Sueña*

Mark Twain
Escritor

CAPÍTULO 8

RELACIONES HUMANAS

En una ocasión una persona me dijo, ves este joven que está aquí, él es mi jefe hoy día, pero lo interesante es que en el pasado yo era su jefe. Imaginas si yo lo hubiese tratado mal, uno no sabe las vueltas que da la vida. Pude también ver otra cosa en esta historia, un buen líder se multiplica, y su legado siempre ira a un nivel mayor.

Usted podrá lograr tanto como ayude a otros, su éxito es proporcional a su ayuda.

Comprenda a otros antes de querer ser comprendido.

Un sabio escucha y calla más de lo que habla, el entiende que aprende más al escuchar a otros.

Nunca etiquete, prejuzgue o clasifique a alguien, el ser humano es más de lo que esta externo, dentro de cada uno hay un gran potencial, hay una verdad, hay un líder.

> *No deberías enfocarte en por qué no puedes hacer algo, que es lo que la mayoría de la gente hace. Sino en por qué no puedes hacerlo y ser una de las excepciones*

Steve Case
Cofundador de AOL

CAPÍTULO 9

ACTITUD

Filipenses 4:13

Todo lo puedo en Cristo que me fortalece. Usted podrá lograr tanto como ayude a otros, su éxito es proporcional a su ayuda.

No existen límites. Jesús dijo; "lo que he hecho podréis hacer y más".

2 Timoteo 1:17

Porque no nos ha dado Dios espíritu de cobardía, sino de poder, de amor y de dominio propio.

Filipenses 2:13

Porque Dios es el que en vosotros produce así el querer como el hacer, por su buena voluntad.

Cuando emprendes una acción, tienes la mitad del camino gano.

Lo que cambia tus emociones te gobierna o domina. Tenga dominio propio sobre usted.

Nunca te lleves stress o un momento incomodo al corazón. Continúe y no le de estadía de gratis a las cosas negativas. Un consejo de un mozo con más de 40 años de experiencia fue "don't take it personal". háblame de su resultado, un hombre con casi 60 años se veía más joven que uno de 50. El stress envejece los huesos.

Proverbios 17:22

El corazón alegre constituye buen remedio; más el espíritu triste seca los huesos.

Mateo 6:34

Así que, no os afanéis por el día de mañana, porque el día de mañana traerá su propio afán, basta cada día su propio mal.

No es agua que está afuera la que hunde el barco, sino aquella que entra a la barca.

Eduque con su actitud a los demás.

El ejemplo es el mejor maestro.

Entienda que todas las cosas ayudan a bien como dice Romanos 8:28, aprenda en sus procesos y sáquele provecho, no pase simplemente por el proceso sin sacar la enseñanza que tenía el mismo. Cuando usted reprobaba un examen en la escuela, le hacían tomarlo otra vez, si usted no pasa un nivel escolar tendrá que repetirlo las veces que sea necesario para poder subir al próximo nivel, así son las situaciones y los procesos, gradúese de los mismos, tenga siempre la mejor actitud para enfrentarlos.

Sus emociones, sus actitudes no deben ser manejadas por situaciones externas, más bien son producto de una decisión, son producto de un estado interior, son internas. Prevalece, ante todo, no tenga doble ánimo, elija siempre tener el mejor ánimo y dar lo mejor de usted, eso garantizara su éxito.

Tenga juicio según los principios y no por su estado de ánimo.

Santiago 1:8

El hombre de doble ánimo es inconstante en todos sus caminos.

Deposite una semilla dentro de usted y riéguela todos los días.

Cuando estuve en la universidad tenía que tomar la clase de historia de Puerto Rico una vez más. Una vez más por que a través de mis años escolares la tome cada año por doce años, algún tipo de estudios sociales o historia. Honestamente historia no es mi fuerte, yo me quería graduar con honores, esa era mi meta por tanto no era solo pasar el curso era sacar A.

Tomé una decisión, poner una semilla en mí, me dije me gusta la historia, cada mañana regaba esa semilla con el agua de la declaración, me gusta la historia. Esa semilla germino según su género, cada examen cada ensayo, tenía A y si había algún bono también lo sacaba bien, como dicen por ahí rompía la curva. La profesora siempre se emocionaba con mi trabajo, ella nunca imaginaria, que no me gustaba la historia. Les confieso algo disfrute el proceso.

Cuán lejos puedas llegar, depende del credo que hayas estructurado en tu mente.

Cultive buenos hábitos.

Usted crea un hábito el cual repite por 21 días, se volverá parte de usted. Parte de su credo.

Sea un ejemplo y no un simple crítico.

La buena actitud es un catalítico a la abundancia.

Tenga pasión por su producto, alguien que habla del corazón y capta a quienes los escucha, logra éxito en gran medida.

Manejando el stress: recuerde que usted está expuesto a diferentes escenarios todo en un mismo tiempo, o el par, pero de diferentes direcciones, clientes, gerencia, cocina, supervisor, compañeros, y cosas personales pasando en tu vida. Aprenda a usar sombreros. Recuerde que estresarse por factores internos o externos no resolverá nada.

> *Una persona que nunca cometió un error, nunca intentó algo nuevo*

Albert Einstein
Físico

CAPÍTULO 10

¿BUEN SERVICIO = BUEN TIP (PROPINA)? NO SIEMPRE

Si tu sección es tu negocio, entonces tips o propina serian considerado tu comisión en el producto que vendes, esa comisión puede subir, bajar dependiendo del tip del cliente, 15% de comisión de esta mesa, 18% de aquella otra, y así consecuentemente, no importa cuál sea el porcentaje, todo el tip, está basado en lo mismo, el total del cheque.

Muy raramente el tip está basado solamente en el valor de tu servicio, la dura verdad es que siempre haces dinero en el total que aparece en la cuenta.

Eso quiere decir que deberías tener interés en asegurarte que ese total sea lo más alto posible en la cuenta total.

Servicio:
Mi padre siempre me dijo que el que no sirve, no sirve. Y aun siendo él, el gran conferencista al que todos fueron a ver en un evento. He sabido verlo tomar un mapo y ponerse a mapear el lobby cuando el evento se acabó y todos se fueron a sus casas.

Usted tendrá derecho a participar de aquello a lo que sepa honrar.

Todo el que siembra cosecha según su género.

Cree en si el hábito que eventualmente será una cultura en usted con respecto al servicio. Lo que usted repite una y otra vez será en punto dado tan natural, será innato.

Por ejemplo, me acostumbre tanto a dar el paso cuando estoy sirviendo a otros, que cuando yo salgo a comer o a un lugar para simple disfrute, naturalmente le cedo el paso a las personas cuando estamos en espacios pequeños en direcciones diferentes.

Amos 3:3
¿Andarán dos juntos, sino estuvieren de acuerdo?
Para poder llevar su potencial al máximo dentro de una compañía lo primero es adoptar la visión de ese lugar como suya. Solo de esa manera podrá dar lo que se espera y aún más de lo que se espera de usted. Una solo visión da sentido de dirección a ambos, al patrono y a usted con su franquicia.

Analicemos si tuviéramos visiones diferentes a partir de la palabra división: (di= dos) y visión equivale a dos visiones por lo tanto no podemos tener una visión diferente porque estaríamos en división y no unidos a un mismo fin que es el éxito.

Empatía=
Desarrolle empatía con su cliente ante cualquier situación. Recuerde que es el quien crea el éxito de su franquicia. Y es mejor tener clientes repetitivos que estar en constante desarrollo de nuevos clientes. Un cliente repetitivo te da mayor garantía de producción.

Es el cliente el activo número uno en el negocio, sin ellos no ganas tu ni el negocio.

El enfoque número uno para la gente es la experiencia que va a tener en el lugar al que salió a comer, más que la comida en sí.

Expresiones como vale la pena porque se pasa bien se escucha muy a menudo.

Cada persona puede ser la puerta para algo que aprender, o la entrada a algo que te espera. Es por eso que debemos ser artesanos en las relaciones personales en todos los ámbitos. Cada persona puede ser una lección para moldear tu carácter, ya que prueba diferentes cualidades que se están desarrollando en ti en todo momento, pues nunca dejamos de crecer y de ir de nivel en nivel, por ejemplo: perseverancia, paciencia, dominio propio, liderazgo etc.

Sirva siempre con estándares de excelencia, valores y principios. Entrene su mente informándose, sembrando los mismos en sí.

Proverbios 4:23

Sobre toda cosa guardada, guarda tu corazón (mente); porque de él mana la vida.

Preste atención a los pequeños detalles, esto es un principio de éxito. Ellos harán la gran diferencia en su servicio. La suma de pequeños detalles equivale a un gran detalle.

Nunca pierdas de enfoque que esto se trata de las personas. De crear momentos memorables para las mismas.

Siempre brinda tu mejor sonrisa y tu mejor actitud, no importa la circunstancia.

Usted no sabe lo que una persona ha vivido o está viviendo. Sirva cada día pensando que puede transformar o marcar un instante en algo grato.

No hay mayor satisfacción que poder servir a otros. Aun el maestro sirvió a los demás, y evidencio eso en su trayectoria en la tierra y lo plasmo como enseñanza en el lavatorio de pies (Juan 13:12-16). Él dijo que el mayor sirva al menor, por tanto, el que sirve siempre queda en un nivel de altitud. Mateo 23:11, el que es mayor de vosotros, sea vuestro siervo, la nueva versión internacional dice el más importante de ustedes... usted sirve al prójimo, prójimo es aquel que tiene una necesidad, el que nos ama y el que nos odia, el que agradece nuestro favor como el que no dice nada, el que ha hecho algo por mi como el que no ha hecho nada.

Marcos 10:45

Porque ni aun el hijo del hombre vino para ser servido, sino para servir, y para dar su vida al rescate de muchos.

Lo que nos hace grandes no es ser servidos como a veces pensamos sino servir.

Ayudar a otros te ayuda a ti mismo. Un cliente satisfecho regresara. Será fiel a tu franquicia.

Trabaje en equipo, aun Jesucristo necesito un equipo para expandir y cumplir su propósito y expandir su visión. Trabajo con doce directamente y aun muchos otros que se registra que le seguían a todas partes.

Muera al yo, al egocentrismo, esto no se trata de usted solo, se trata de un equipo. Por ejemplo, si un grupo de baile no trabaja en equipo y se complementa ayudando con las fortalezas de cada uno y mejorar las debilidades de cada uno, lucirán mal. Por más que uno individualmente lo haga bien si el resto no va al paso todos lucen mal.

Sea el apoyo de otros ayúdeles, enséñeles. Cree estrategia.

Maximice su tiempo, tiempo=vida, sea productivo. Salga y entre con algo en mano, no camine con el efecto gríngola, sin analizar lo que está a su alrededor para sacar el mayor provecho.

1 Pedro 4:10

Según cada uno ha recibido un don especial, úselo sirviendo los unos a los otros como buenos administradores de la multiforme gracia de Dios.

5 mesas 5 restaurantes

> *Arriesgarte más de lo que los otros piensan es seguro. Soñar más de lo que los otros piensan es práctico*

Howard Schultz
CEO de Starbucks

CAPÍTULO 11

EL EFECTO DE LAS PAPAS

¿Gustaría añadir papas a su orden?

El cliente promedio está expuesto a este proceso automatizado de venta, muchas veces en un día, desde un lugar de hamburguesas hasta una garantía extendida en electrónicos, como resultado de esto los clientes han formado una resistencia al up sale.

Tu no vas a depender de procesos automatizados, vas a crear conexiones únicas con tus clientes y cosechar los beneficios financieros de esa relación.

Eso no quiere decir que no recomiendes productos, la clave es hacerlo una forma diferente y no de la misma forma que todos lo hacen todas las veces, los clientes perciben cuando lo haces automático.

Clientes aman comprar, pero odian que les vendan.

Un buen vendedor empieza primero conectando con el cliente, entablando una conversación genuina que descubra sus necesidades, deseos y gustos, y después mezclar todo eso en un producto correcto para el cliente.

Hay dos principales factores que afectan y son lenguaje y tiempo que decir y cuando decirlo.

> *Estoy convencido que la mitad de lo que separa a los emprendedores exitosos de los que han fracasado es la perseverancia*

Steve Jobs
Cofundador de Apple

CAPÍTULO 12

EL PODER DE LAS PALABRAS

Meseros promedios lenguaje:
- ¿Cuántos son?
- ¿Qué le puedo traer?
- ¿Se decidió?

Meseros promedio lenguaje:
- ¿Quiere papas con eso?
- ¿Cómo está todo?
- ¿Otra ronda aquí?
- ¿Alguien tiene espacio para el postre?
- ¿Puedo traerle algo de tomar?
- **Mesero emprendedor**
- ¿Cómo están? buenas tardes
- ¿Han estado aquí antes?
- Les recomiendo esta bebida.

Mesero emprendedor:
- Nuestro plato de la casa es.
- ¿Cómo nos quedó su salmón?
- ¿Fue la forma en que lo quería?
- ¿Le gusta el chocolate?

Personaliza tu servicio

Lee tu mesa
• Tómate un momento de leer tus clientes, mira cuidadosamente, y toma decisiones de tu servicio basado en lo que ves, esta información te permitirá personalizar tu secuencia de servicio. ¿Quiénes son? ¿cómo visten? ¿qué hay sobre la mesa? ¿cuál es su lenguaje corporal?.

Regulares
• Determina si los has visto antes en tu restaurante o es la primera vez que lo visitan.
• Tienes alguna recomendación para clientes que te visitan por primera vez.
• Conoces las necesidades del cliente regular por experiencia de atenderlo.

Razón
• La razón de visitar el restaurante tiene un profundo impacto, en lo que ellos esperan recibir, razones afectan expectaciones.
• Primera cita, aniversario, cumpleaños, sports celebraciones, jangueo.

Toma el tiempo
• Tomate el tiempo de entender las expectativas de tu cliente, para medir el servicio basados en porque están ahí.
• Cambia recomendaciones de acuerdo a cuánto tiempo tardan en salir de la cocina los platos, ajusta tus pasos de servicio.
• Sale and Up-Sale.

Parábola de los talentos Mateo 25:14-29

En medida que tú multipliques las ganancias del negocio, así como hicieron los que tenían más talentos, así se abre la posibilidad de multiplicar las ganancias de tu franquicia.

No existe la lógica, asegúrese de explicar todo bien. Aunque algo le parezca a usted lógico, para otros no necesariamente lo es. Eso evitara malos entendidos y la satisfacción de su cliente. Para explicar bien usted tendrá que estar empapado de la información del producto, por tanto, debe preparase al máximo.

Estudie sus productos, alimentos y bebidas. Hágale preguntas al chef. Aprenda y edúquese al respecto.

> *Sé innegablemente bueno.
> Ningún esfuerzo de marketing o
> palabra en redes sociales puede ser
> un sustituto para eso*

Anthony Volodkin
Fundador de HypeMachine

CAPÍTULO 13

CUALIDADES DE UN BUEN SERVICIO ACCIÓN

Recuerde que usted es la cara del servicio. Sobre usted está el crear una experiencia que pueda sobrepasar las expectativas del cliente. Y detrás de esa posibilidad está la oportunidad de usted para crear finanzas.

Repetir un cliente hace crecer tus finanzas. Pero el primer paso es preguntarte para quien estas trabajando, sigues las reglas de un lugar y recibes un cheque en ese lugar, pero lo que garantizara tu potencial de maximizar ingresos es pensar que tienes una microempresa y tratar tu estación como esa microempresa, donde usted es el CEO.

¿De dónde provienen tus finanzas? proviene de tu negocio, con un cliente donde el producto es usted mismo, tu servicio, tu carisma y tu excelencia. Ese servicio genera unas finanzas a dos negocios al tuyo y al del proveedor de la utilería. Piénsalo como si tuvieras una asociación con este otro negocio. Donde todos ganan.

Recuerda que la vida es servicio y relaciones humanas. Mientras más usted da, más usted recibe. A eso le llamo la ley de la siembra y la cosecha, una buena siembra es garantía de una gran cosecha.

Está comprobado que la gente busca calidad, diseño (son visuales, apariencia), comida y, por último, pero no menos importante servicio, cuando salen a comer. La realidad es que el mayor peso recae en la experiencia del servicio.

Por tanto, tu éxito personal es proporcional al éxito del restaurante. En esa asociación que tienes, si tú traes de vuelta a tu negocio al cliente, eso traerá ventas al restaurante, pero también a tus finanzas. Esto se convierte en ganar–ganar.

Recuerda que la consistencia de un cliente tiene mayor garantía que lo esporádico. Tu meta será crear un cliente repetitivo.

Tu éxito estará altamente ligado a la confianza que puede depositar tu socio en ti, podrás adquirir mejores secciones, más mesas o a esta la confianza de atender clientes VIP o grupos importantes que no escatiman en gastar, pues por ello es que se le ha otorgado tal título. Eso te da garantía para el crecimiento de tus finanzas. La excelencia siempre trae consigo altos beneficios.

Aun cuando exista una rotación puedes crear una prioridad en la hora de asignar.

Pero también debes crear que cualquiera que sea tu sección sea deseable. ¿Cómo logras eso? presta atención a los pequeños detalles, asegúrate que todas tus mesas luzcan bien, que exista un estándar en las mismas, que sean iguales, lo visual influye en gran manera. Y sobre toda cosa, sea excelente a la hora de servir, un cliente no le importara en que sección estés, si eres bueno querrán sentarse contigo.

Un principio de éxito es que la primera impresión no tiene segunda oportunidad. Así que asegúrate de dar lo mejor de ti siempre y no dejes que factores externos afecten tu negocio.

Para eso debes recordar que tu trabajo es todo aquello que compete al lugar donde está tu franquicia, y no una mera descripción que está en tu contrato, ese es un factor muy importante. Por tanto, asegúrate de las siguientes cosas en medida que sean posibles ya que el orden y la organización son vitales;

-Que los baños estén limpios.

-Limpieza de pisos, si hay papeles tirados, polvo, mesas limpias.

- Consistencia en la presentación de las mesas, cubiertos, vasos, equipos limpios, y todo acomodado de la manera correcta en las proporciones correctas o consistentes, asegúrate que tengan lo necesario sal y pimienta, azucarera, según sea el estándar.

- Que lo zafacones (botes de basura) no se vean llenos.

- Entrada limpia, nítida y organizada.

- Olores del lugar.

-Personal hablando en grupos da mala impresión, y también se debe cuidar lo que se habla, cualquier cosa negativa o inapropiado afectara en gran medida.

-Alfombras, ventanas, limpias.

-Música (ni alta ni muy baja).

No todo será perfecto, pero se debe trabajar por tener todo lo más perfecto posible.

Tenga buena comunicación e informe al gerente si hay algún problema que este fuera de su control.

Sea proactivo.

Una vez entre a su área deténgase, vea, huela, y mire, experimente la experiencia de su cliente, trate de ponerse en sus zapatos, solo de esa forma podrá identificar que está haciendo bien y en que puede mejorar.

> *La forma de empezar es dejar de hablar y empezar a actuar*

Walt Disney
Cofundador de The Walt Disney Company

CAPÍTULO 14

TU ESTACIÓN

Toma en serio inspeccionar tu sección. Asegúrate que esté limpia, tenga consistencia, se vea igual, que tenga simetría. Una mesa debe ser espejo de la otra.

¿Todo mira al mismo lado?
- Impactara al cliente en su subconsciente, lo hará.
- Comienza cada turno observando esos detalles.

Usted no querrá tener un mal impacto consciente o inconscientemente en su cliente.

Donde hay desorden no hay paz. El orden crea una atmosfera buena, por el contrario, el desorden trae negatividad.

Por ejemplo, comida incrustada en los utensilios denota que no hay una concientización en la sanitación y aumenta la posibilidad de envenenamiento por comida. A la misma vez el cliente se quedará pensando en cómo luce la cocina.

Siempre barre y mapea los alrededores de tus mesas.

Siéntate en tu mesa para ver lo que ve tu cliente.

Puedes crear una lista de cosas a verificar antes de comenzar, así minimizaras errores, distracciones, pérdida de tiempo, situaciones en medio de la operación. Ganas tiempo, y te ahorras posibles problemas.

Todos cometemos errores, no estamos exentos de ellos, si sucede acéptalo, haga lo necesario para arreglarlo, y continúe adelante.

5 mesas 5 restaurantes

> *No te avergüences por tus fracasos, aprende de ellos y comienza de nuevo*

Richard Branson
Fundador de Virgin Group

CAPÍTULO 15

USTED

Todo mal hábito que tenga, corte con él, no le beneficiara en lo absoluto.

Tu apariencia cuenta. La mayordomía de tu cuerpo cuenta. Ten cuidado usted, su salud y apariencia física. Mientras mejor cuidado usted se vea mejor se sentirá el cliente.

Verte cansado, con ropa estrujada, tener mal aliento, estar mal maquillada, no estar bien peinada eso son factores para una muy mala impresión.

Péinate, báñate, usa perfume y desodorante. Tenga la ropa limpia y bien planchada. Siempre mírate e inspecciónate antes de comenzar tu turno.

> *Si no sabes qué hacer con tu vida, haz algo que salve vidas. El mundo está lleno de gente con necesidades, sé parte de su vida y llena esa necesidad*

Sanjeev Saxena

CAPÍTULO 16

BALANCE

Una vida balanceada y en orden, es esencial para alcanzar a manifestar nuestro potencial al máximo, para emprender grandes cosas y cumplir nuestros sueños. Como mesero tienes la oportunidad que una vez que salgas de trabajar, dejas todo atrás, no te encargas de la limpieza,"payroll" (pago de sueldos) operación, etc.

Pero tienes una responsabilidad contigo mismo, con la familia, con tus sueños.

Una de las famas del mesero, es la fiesta y la bebida. Gastan demasiado dinero sin conciencia, altas estadísticas indica que en esta industria muchos se vuelven alcohólicos, crean mal hábito, muchos pierden su trabajo que es su gran oportunidad a consecuencia de ese mal hábito. Muchos llegan al trabajo según los porcientos, ebrio. Hoy quizás no tengas tantas responsabilidades si lo ves con el lente del hoy, pero eventualmente tendrás responsabilidades mayores, o si te vuelves soñador debe existir un compromiso con lograr ese sueño. Por tanto, el buen manejo de tus finanzas, y de tu tiempo es clave.

Otra fama es que al tener gran entrada empiezan a entrar en gastos excedentes sin planificación, que un tiempo que no se produzca igual se ven en problemas. Nunca viva de cheque en cheque gastando sin medidas. Haga planificación de finanzas. Ahorre y gaste por prudencia, según necesite y no por capricho. Sea sabio.

Gastar el dinero de tus propinas sin medida equivale a no invertir en tu futuro. Es un atentado en contra de tu futuro. mientras más usas más pierdes.

Evite las relaciones amorosas en esta industria. Podría ser devastador.

Muchas de las cosas mencionadas van en contra de las políticas de las compañías. Haga lo correcto, trabaje para su futuro.

Ve al doctor con frecuencia. Lava tus manos con frecuencia a medida que corre tu turno, eso es sanitación, usted toca de todo.

Tenga cuidado de su cuerpo, y no pierda el camino a construir finanzas y lograr sus sueños. Sea perseverante y haga compromiso con usted mismo. Manténgase en el camino correcto.

Para poder ganar dinero, tiene que querer atender mesas. No querer salir rápido de su turno, o antes de su turno, si no es necesario. Proponte dar el servicio de calidad que producirá ese dinero.

Lee tu cliente, su necesidad, cree una relación con el cliente.

Piensa como vendedor y no como alguien que apunta una orden.

Tenga arte para vender, pero no lo confunda como presionar, a nadie le gusta que lo presionen.

5 mesas 5 restaurantes

> *No importa qué tan lento vayas mientras no te detengas*

Confucio

CAPÍTULO 17

PRINCIPIOS

1. Presta atención y deja ver al cliente que sabes que está ahí lo más rápido posible, haz una muy buena primera impresión.

Ese primer contacto le dará seguridad a su mesa, y le hará sentir relajados pues saben que ya usted los vio.
- Déjale saber a tu mesa cuando regresaras en caso de estar ocupados, recíbalos aun si estás muy ocupado, que noten tu presencia, eso les da la seguridad y les quita la idea de estar pensando que han sido olvidados, o que nadie los ha visto.

2. Sonríe, tenga buena actitud, buen ánimo y energía.

3. Trate de entender lo mejor y más rápido posible que pueda, lo que su cliente realmente necesita.
- Observe como esta vestido (para negocios o placer), si tienen niños, conozca su cliente, eso le dará una idea sobre qué tipo de servicio necesita, desde el tiempo de dedicación, hasta que tipo de comida y bebida están buscando.
- Ejemplo: alguien haciendo negocios con mucha papelería probablemente espera trabajar con el menor número de interrupciones.

- Si son familias con niños, los cuales usualmente tienen mucha hambre, sugiera comida que salga lo más rápido posible.

- Conecte con los niños y obtenga más que una sonrisa de los padres.

- Identifique si su cliente tiene prisa desde el principio, eso será de mucha ayuda. Pues podrás advertirle si algo se tardaría.

4. Determine cuál es la mejor manera de parear con el menú aquello que su cliente necesita.

- Comida; estudie su menú y conozca cómo se hace cada plato y su presentación. Usted debe tener la capacidad de contestar cualquier pregunta al instante respecto del plato en vez de decir "déjame verificar con el chef" eso te causa dos problemas: revelas tu falta de conocimiento acerca del menú y pierdes control de la mesa a su vez afectando el tiempo de servicio que necesitan otras mesas.

- Sugiera vinos que vaya con la comida, si son extranjeros sugiera cervezas locales.

5. Maneje el tiempo del servicio, según la necesidad del cliente.

6. Haga su servicio y el orden el mismo con los estándares de su compañía.

- Mantenga la mesa recogida todo el tiempo.
- Reemplace lo que sea necesario.
- Discúlpese y resuelva si algo salió mal.

7. Haga la experiencia memorable.

- Si tiene acceso al nombre de su cliente utilícelo.
- Si es cliente fijo enséñele que recuerda que le gusta comer o beber.
- En medida que sea posible haga recomendaciones, si es necesario y tiene un cliente indeciso dele a probar un poco de

la sopa, por ejemplo, haga excepciones en menú siempre que se pueda y se requiera.

8. Preocúpese genuinamente de que su cliente este bien y tome control de la experiencia.

- Sea genuino, su cliente sabrá si estas siendo real o estas fingiendo. La realidad es que el cliente es tu verdadero jefe. Tu trabajo número uno es atenderle con mucho cuidado y resolver cualquier problema que tengan.

- Sugiera postres si están celebrando alguna ocasión especial, creas una experiencia mientras ganas de la misma.

9. Tenga la energía y el compromiso de ante cualquier cosa siempre estar positivo.

- A pesar de los niveles de stress y/o presión que este experimentando continúe motivado, recuerde que eso es una decisión, un estado, es importante para el éxito. Que una mala experiencia con una mesa no determine tu día, que un mal día no determine tu semana, y así sucesivamente.

10. Dele al cliente algo que pueda compartir al mundo.

- Siempre que pueda hable de una historia, algún lugar de interés que haya alrededor, dele el gran" background" del chef a cargo, cree el interés, cree una experiencia única. Sobre todo, escuche, si su cliente desea hablarle escuche más hable menos.

11. Invítalos a que regresen.

Recomendaciones para un servicio excepcional:

Dígale que hizo excelente elección, pero siempre ofrezca algo adicional, eso aumentara tu "average check".

Ofrecer antes de la necesidad algo que como quiera te van a pedir, hace lucir que estas yendo la milla extra por el cliente, como por ejemplo sorbetos (popotes), servilletas, alguna salsa etc...

Si alguien va a escoger una comida y sinceramente tú encuentras que puedes darle una mejor opción hazlo.

Dejarle saber al cliente algún especial del cual el cliente no se había dado cuenta, puede ayudarte a construir tus porcientos de propinas.

Tome en cuenta los comentarios de sus clientes más si es un cliente repetitivo.

Recuerde como hemos mencionado, es más fácil quedarse con un cliente fijo que traer clientes nuevos constantemente.

Aprenda lo siguiente relacionado a una orden y el plato:

- Ingredientes principales.
- Platos especiales y sus descripciones específicas, es bueno saber todos los detalles más que el simple nombre del plato.
- Ingredientes a los que el cliente es sensible, alergias, alcohol, dietas específicas (ejemplo: no come carnes, no come productos que provengan de la vaca).
- Precio del plato.
- Nota instrucciones especiales al ordenar o preparar.
- Vino recomendados para acompañar el plato.
- Saber precios de los especiales y saber los acompañantes de los especiales.
- Conozca el tiempo que se toma hacer la orden con o sin "rush" (prisa).
- Prueba los especiales antes de venderlos.

Antes de sugerir un vino pregunte:

- Si prefiere blanco o rojo.
- Si prefiere que tenga un toque dulce o que sea seco.
- Que planean ordenar.
- Si prefieren algún tipo de uva especifica.
- Si prefieren un área específica de producción de vinos.

> *Odio cómo piensa la gente con el "vaso medio vacío" cuando en realidad su vaso está casi lleno. Estoy agradecido cuando tengo una gota más en el vaso porque sé exactamente qué hacer con ella*

Gary Vaynerchuk
Cofundador y CEO de VaynerMedia

CAPÍTULO 18

AUTORIDAD

Usted tendrá derecho a participar de aquello a lo que sepa honrar.

Aun Jesús se sujetó a las leyes judías y romanas. Por eso nunca se le pudo inculpar de un crimen ante su juicio.

Formación: no se ofenda al ser corregido y enseñado. Es para su crecimiento. Solo el sabio ama la sabiduría y saca provecho de la misma.

Sea como Sócrates; Yo solo sé que no se nada.

Nunca pare de aprender.

Hay que estar dispuestos a ser entrenados y corregidos por otros que estén sobre nosotros.

> *Es difícil derrotar a una persona que nunca se rinde*

Babe Ruth
Miembro del Salón de la Fama de Béisbol

CAPÍTULO 19

MAYORDOMÍA DE TUS FINANZAS

El manejo correcto, o el manejo en su mejor punto de una cosa, como por ejemplo el buen cuidado de tu salud. El cuidado o manejo de tus finanzas para sacarles el mejor provecho.

Estar listos para vacas flacas y vacas gordas. Anticiparse a las situaciones que muchas veces no están en nuestro control. Aprende a conocer las temporadas, y sacar provecho al máximo de las mismas.

Reduzca gastos;
Rompa el hábito de solo vivir en el presente.

Si tiene deudas haga plan para saldarlas lo antes posible y empezar a ahorrar.

Escriba sus deudas mensuales y luego multiplique por doce para que vea lo que gasta por año. Identifique donde puede recortar o reducir. Que es un lujo y que verdaderamente es una necesidad.

Ejemplos;
 -Celular; busque una mejor oferta.
 -Gasolina; salga a los lugares necesarios, si es cerca camine.

Ropa y zapatos; cuando sea necesario, aprenda a comprar en mejores precios.

Utilería; agua y luz, apague enceres, no deje correr el agua, gaste con prudencia.

Cortar gastos que no necesita, agrega a su libertad financiera.

Usted no fue creado para sobrevivir, fue creado para vivir en abundancia.

5 mesas 5 restaurantes

> *Fracasa seguido para que puedas tener éxito pronto*

Tom Kelley
Socio IDEO

CAPÍTULO 20

EXCELENCIA

¿Dónde quiero estar en dos años? ¿dónde quiero estar en cinco años? ¿estoy en control de mi vida y mi futuro financiero?

Propóngase metas, las metas dan sentido de dirección a la vida. Las metas evitan la perdida de energía y de tiempo.

Haga planes. No planear produce fracaso.

Proverbios 21:5
Los pensamientos del diligente ciertamente tienden a la abundancia, mas todo lo que se apresura alocadamente, de cierto va a la pobreza.

Todas las llaves de éxito son esenciales, por que la suma de ellas constituye un todo.

Nadie puede lograr sus sueños por usted. Asuma el 100% la responsabilidad de su éxito.

Apasiónese con sus sueños, la pasión es como un motor.

Siempre se debe ser honesto, íntegro y leal. Sea consistente, persevere, comprométase, esfuércese, dedíquese.

Capacítese y Edúquese.

Active sus sentidos al hoy, tenga visión, planificación y acción al futuro.

Adáptase con flexibilidad al cambio, reinvéntese, los cambios ocurren queramos o no, vaya a través del cambio y crezca mediante ellos. No se quede estancado en metodologías inservibles. Adáptese a lo nuevo. Y no tema a lo nuevo.

Propóngase romper cualquier paradigma mental que no le permita avanzar.

Deseo + Acción = Éxito
Sin acción no hay resultados.La acción debe ser continua.

Rodéate de personas enfocadas en la vida. Personas con resultados, con ejemplo a seguir, con intereses similares, que te agreguen y no te quiten, crea en usted, usted es su mayor motivador.

5 mesas 5 restaurantes

> *El tiempo, la perseverancia
> y diez años de intentos
> eventualmente te harán ver
> como un éxito de
> la noche a la mañana*

Biz Stone
Cofundador de Twitter

CAPÍTULO 21

5 PASOS PARA SER EXITOSO EN TU FRANQUICIA

Atraer

Vender

Costo

Venta

Promueve

Atraer más clientes.
Vender a esos clientes lo más que puedas.
Mantener el costo lo más bajo posible sin sacrificar la calidad.
Asegurarte de cobrar el precio correcto respecto al costo.
Administrar tu negocio, de modo que tu cliente regrese lo más pronto posible.
Trayendo a su familia, amigos y compañeros de trabajo.

La entrega de la cuenta:

La última oportunidad de dejar una buena impresión antes de que decida la cantidad de tip que va a dejar, usa esta oportunidad para reforzar la calidad de tu servicio.

Di lo siguiente:

Antes de darle la cuenta déjeme revisar que todo está correcto.

¿Disfruto su visita el día de hoy?
Gracias por su visita, mi nombre es, por favor pregunte por mí la próxima vez que nos visite, será un placer volver a atenderle.

No hagas lo siguiente:

- Me puedo llevar esto cuando esté listo.
- ¿Necesita cambio?
- No despedirse.
- No invitarlo a que vuelva.
- No preguntarle si todo estuvo bien.

5 mesas 5 restaurantes

> *No te preocupes por el financiamiento si no lo necesitas. Hoy es más económico que nunca iniciar un negocio*

Noah Everett
Fundador de Twitpic

CAPÍTULO 22

PROPINA

Trátame como cliente regular.

Incrementa mi cuenta.

Personaliza mi servicio.

Sobresale de lo normal.

Dedicado a todos los futuros emprendedores en la industria de alimentos y bebidas, que todos los días se levantan a servir.

www.ingramcontent.com/pod-product-compliance
Lightning Source LLC
Chambersburg PA
CBHW031943170526
45157CB00010B/1634